BALLET DES MVSES.

Dansé par sa Majesté à son Chasteau de S. Germain en Laye le 2. Decembre 1666.

A PARIS,
Par ROBERT BALLARD, seul Imprimeur du Roy pour la Musique.

M. DC. LXVI.
Auec Priuilege de sa Majesté.

BALLET DES MVSES.

ARGVMENT.

LEs Muses charmées de la glorieuse reputation de nostre Monarque, & du soin que sa Majesté prend de faire fleurir tous les Arts dans l'étenduë de son Empire; quittent le Parnasse pour venir à sa Cour.

Mnémosine * qui dans les grandes Images qu'elle conserue de l'Antiquité, ne trouue rien d'égal à cét Auguste Prince, prend l'occasion du voyage de ses Filles pour contenter le juste desir qu'elle a de le voir ; & lors qu'elles arriuent icy fait auec elles l'ouuerture du Theatre par le Dialogue qui suit.

* C'est la memoire.

DIALOGUE
DE MNEMOSINE,
ET DES MVSES.
MNEMOSINE.

Madlle.
Hilaire.

Enfin apres tant de hazards
Nous découurons les heureuses Prouinces
Où le plus sage & le plus grãd des Princes
Fait assembler de toutes parts
La gloire, les Vertus, l'abondance & les Arts.

LES MVSES

Rangeons nous sous ses loix
Il est beau de les suiure
Rien n'est si doux que de viure
A la Cour de LOVYS le plus parfait des ROYS.

MNEMOSINE,

Viuant sous sa conduite,
Muses, dans vos Concerts
Chantez ce qu'il a fait, chantez ce qu'il médite,
Et portez-en le bruit au bout de l'Vniuers.
Dans ce recit charmant faites sans cesse entendre
A l'Empire François ce qu'il doit esperer,

Au monde entier ce qu'il doit admirer,
  Aux Roys ce qu'ils doiuent aprendre.
         MNEMOSINE.
Rangeons nous sous ses loix,
Il est beau de les suiure,
Rien n'est si doux que de viure
A la Cour de LOVYS, *le Modele des* ROYS.

Tous les Arts établis des-ja dans le Royaume (s'estant assemblez de mile endroits pour receuoir plus dignement ces doctes Filles de Iupiter, aufquelles ils croyent deuoir leur origine) prennent resolution de faire en faueur de chacune d'elles vne entrée particuliere. Apres quoy pour les honorer toutes ensemble, ils representent la celebre victoire qu'elles remporterent autrefois sur les neuf Filles de Pierus.

Les neuf Sœurs.

Muses Chantantes. Messieurs le Gros, Fernon l'aisné, Fernon le jeune, Lange, Cottereau, S. Iean, & Busseguin Pages de la Musique de la Chambre. Auger, & Luden Pages de la Chapelle.

Les sept Arts. Messieurs Hedoüin, d'Estiual, Gingan, Blondel, Rebel, Magnan, & Gaye.

B

PREMIERE ENTRE'E.

POur Vranie à qui l'on attribuë la connoissance des Cieux on represente les sept Planettes, de qui l'on contrefait l'éclat par les brillans habits dont les danseurs sont reuestus.

Les sept Planettes, le Soleil, Iupiter, Mercure, Venus, la Lune, Mars, & Saturne.

Le Soleil. Monsieur Cocquet. *Iupiter.* Du Pron, *Mercure.* S. André, *Venus.* Des-Airs l'aisné. *La Lune.* Des-Airs galand. *Mars.* Monsieur de Souuille. *Saturne.* Noblet l'aisné.

II. ENTRE'E.

POur honnorer Melpomene qui preside à la Tragedie, l'on fait paroistre Pirasme & Tisbé qui ont seruy de sujet à l'vne de nos plus anciennes pieces de Theatre.

Pirasme & Thisbé.

Pirasme, Monsieur le Grand.
Thisbé, Le Marquis de Mirepoix.

III. ENTRE'E.

TAlie, à qui la Comedie est consacrée, a pour son partage vne piece comique representée par les Comediens du Roy, & composée par celuy de tous nos Poëtes, qui dans ce genre d'écrire peut le plus justement se comparer aux anciens. ^{Moliere & sa Troupe.}

IV. ENTRE'E.

EN l'honneur d'Euterpe, Muse Pastorale, quatre Bergers & quatre Bergeres dansent au chant de plusieurs autres sur des Chansons en forme de Dialogue.

I. CHANSON SVR VN AIR de Gauote.

Vn Berger chante les deux premiers vers, & le Chœur les repete. M. Fernon.

Vous sçavez l'amour extréme
Que j'ay pris dans vos beaux yeux;

Le Berger continuë.

Hastez-vous d'aimer de mesme,
Les momens sont precieux;

Tost ou tard il faut qu'on aime,
Et le pluſtoſt c'eſt le mieux.
Le Chœur repete.
Vn autre Berger chante, M. le Gros.
En douceurs l'Amour abonde,
Tout ſe rend à ſes appas;
Le Chœur repete ces deux vers.

Le Berger continuë.

On reſſent ſes feux dans l'Onde,
Et dans les plus frois climas;
Il n'eſt rien qui n'ayme au monde,
Pourquoy n'aimeriez vous pas?
Le Chœur repete.

II. Chanſon ſur vn air de Menuet.

Vn Berger chante les deux premiers vers, & le Chœur les repete. M. Fernon.

Viuons heureux, aimons nous, Bergere,
Viuons heureux aimons nous
Le Berger continuë.
Dans vn endroit ſolitaire
Fuyons les yeux des jaloux.
Le Chœur.
Viuons heureux, aimons nous, Bergere,
Viuons heureux aimons nous.

Le

Le Berger.

Dançons deſſus la feugere,
Ioüons aux jeux les plus doux.

Le Chœur.

Viuons heureux, aimons nous, Bergere,
Viuons heureux, aimons nous.

Vn autre Berger chante les deux premiers vers, &
le Chœur les repete.

Aimons, aimons nous touſiours, Siluie,
Aimons, aimons nous touſiours.

Le Berger continuë.

Sans vne ſi douce enuie,
A quoy paſſer nos beaux jours?

Le Chœur.

Aimons, aimons nous touſiours, Siluie,
Aimons, aimons nous touſiours.

Le Berger.

Les vrais plaiſirs de la vie
Sont dans les tendres Amours.

Le Chœur.

Aimons, aimons nous touſiours, Siluie,
Aimons, aimons nous touſiours.

Quatre Bergers, & quatre Bergeres.

Bergers. LE ROY.

Le Marquis de Villeroy, les Sieurs Raynal,
& la Pierre.

Bergeres. MADAME.

Madame de Montespan, Mademoiselle de la
Valliere, & Mademoiselle de Touffy.

Huit Bergers chantants.

Messieurs d'Estiual, Hedoüin, Gingan, Blondel,
Magnan, Gaye, Buffeguin, & Auger Pages.

Huit Bergeres chantantes.

Messieurs le Gros, Fernon l'aisné, Fernon le jeune,
Rebel, Cottereau, Lange, & S. Iean,
& Luden Pages.

V. ENTRE'E.

EN faueur de Clio qui preside à l'histoire, (voulant representer quelque grande action des Siecles passez) on n'a pas crû pouuoir en choisir vne plus illustre ny plus propre pour le Ballet que la bataille donnée par Alexandre contre Porrus, & la generosité que pratiqua ce grand Monarque apres sa victoire, rendant aux vaincus tout ce que le droit des armes leur auoit osté.

Le combat s'exprime par des démarches & des coups mesurez au son des instrumens, & la paix qui le suit est figurée par la Danse que les vainqueurs & les vaincus font ensemble.

Alexandre & Porrus cinq Grecs, & cinq Indiens.

Alexandre. Monsieur Beauchamp.
Cinq Grecs. Monsieur de Souuille, Messieurs La Marre, du Pron, Dés-Airs le cadet, & Mayeu.
Descousteaux *Tambour.* Philebert, & Iean Hottere. *Flustes.*
Porrus. Monsieur Cocquet.
Cinq Indiens. Messieurs Paysan, du Feu, Arnald, Ioüan, & Noblet le Cadet.
Vagnart. *Tambour.* Piesche, & Nicolas Hottere. *Flustes.*

VI. ENTRE'E.

POur Calliope mere des beaux vers, cinq Poëtes de differents caracteres dansent la sixiesme Entrée.

Cinq Poëtes.

Poëtes. Monsieur D'oliuet.
Poëtes serieux. Le Sieur Mercier, & Broüard.
Poëtes ridicules. Le Sieur Pesan, & le Roy.

VII. ENTREE. & Recit.

ON fait paroiſtre Orphée 'fils de cette Muſe, qui par les diuers ſons de ſa Lire, exprimant tantoſt vne douleur languiſſante, & tantoſt vn dépit violent, inſpire les meſmes mouuemens à ceux qui le ſuiuent, & entre-autre vne Nymphe que le hazard a fait rencontrer ſur l'vn des rochers qu'il attire apres luy, eſt tellement tranſportée par l'effet de cette armonie, qu'elle découure ſans y penſer les ſecrets de ſon cœur par cette Chanſon.

Amour trop indiſcret, deuoir trop rigoureux,
Ie ne ſçay lequel de vous deux
Me cauſe le plus de Martyre:
Mais que c'eſt vn mal dangereux
D'aimer & ne le pouuoir dire.

Orphée.   Monſieur de Lully.
Nymphe.   Mademoiſelle Hylaire.

Huit Traciens.

Meſſieurs Des-Airs l'aiſné, Des-Airs galand, Noblet l'aiſné, Bonard, Fauier, S. André, Deſonets, & Foignac.

VIII.

VIII. ENTRE'E.

POur Erato que l'on inuoque particulierement en amour, on a tiré six Amans de nos Romans les plus fameux, comme Teagene & Cariclée, Mandane & Cyrus, Pollexandre & Alcidiane.

Trois Amants, & trois Amantes.

Amans.	Amantes.
Cyrus. LE ROY.	*Mandane.* M Raynal.
Polexandre. Le Marquis de Villeroy.	*Alcidiane.* Le Marquis de Mirepoix.
Theagene. M. Beauchamp.	*Cariclée.* Le S. La Pierre.

IX. ENTRE'E.

POur Polimnie de qui le pouuoir s'estend sur l'éloquence & la dialectique, trois Philosophes Grecs & deux Orateurs Romains sont representez en ridicule par des Comediens François & Italiens, ausquels on a laissé la liberté de composer leur rooles.

Orateurs Grecs, & Philosophes Latins.

Orateurs Grecs.	Philosophes Latins.
Ciceron. Harlequin.	*Democrite.* Montfleury.
Hortence. Scaramouche.	*Heraclite.* Poisson.
Senateur. Valerio.	*Le Cynique.* Brecourt.

D

X. ENTRÉE.

POur Terpsicore à qui l'inuention des chans & des dances rustiques est attribüée, on fait danser quatre Faunes & quatre Femmes sauuages, qui pliant en diuerses façons des branches d'arbres, en font mille tours differens, & leur danse est agreablement interrompuë par la voix d'vn jeune Satyre.

RECIT. du Satyre.

LE soin de gouster la vie
Est icy nostre employ;
Chacun y suit son enuie,
C'est nostre vnique loy.

L'Amour tousiours nous inspire
Ce qu'il a de plus doux;
Ce n'est jamais que pour rire
Qu'on ayme parmy nous.

Satyre. M. Le Gros.
Quatre Faunes. M. Doliuet, Les Sieurs S. André, Noblet l'aisné, & Des-Airs galand.
Quatre Femmes sauuages. Les Sieurs Bonard, Desonets, Fauier & Foignac.

XI. ENTRE'E.

LEs neuf Muses & les neuf Filles de Pierus dansent à l'enuy, tantost separément, & tantost ensemble, chacune de ces deux troupes aspirant auec mesme ardeur à triompher de celle qui luy est opposée.

Pierides.	Muses.
MADAME.	Madame de Villequier.
Madame de Montespan.	Madame de Rochefort.
Madame de Cursol.	Madame de la Valliere.
Mademoiselle de la Valliere.	Madame la Comtesse du Plessis.
Mademoiselle de Toussy.	
Mademoiselle de la Mothe.	Madame d'Vdicourt.
Mademoiselle de Fiennes.	Madlle. d'Arquien.
Madame du Ludre.	Mademoiselle de Longueual.
Mademoiselle de Brancas.	
	Madlle. de Cologon.
	Mademoiselle de la Marc.

XII. ENTRÉE.

TRois Nymphes qu'elles auoient choisies pour Iuges de leur dispute, viennent pour la terminer par leur jugement.

Trois Nymphes Iuges du combat.

LE ROY.
Le Marquis de Villeroy, & M. Beauchamp.

XIII. ET DERNIERE ENTRÉE.

MAis les Pierides condamnées ne voulant pas ceder, & recommençant la contestation auec plus d'aigreur qu'auparauant, forcent Iupiter à punir leur insolence, en les changeant en oyseaux.

Iupiter. Monsieur Le Grand.

VERS

VERS
SVR LA PERSONNE
& le Personnage de ceux qui
dansent au Ballet.

RECIT DE LA MEMOIRE,
qui n'est point chanté.

C'Est moy qui de l'oubly sauue les Noms
célebres,
Et des temps éloignez dissipe les tenebres,
En vain pour l'Auenir trauaille un puissant ROY,
  C'est autant de perdu sans moy.

Iamais rien n'égala sa force & sa lumiere,
Mon employ n'eut jamais de si noble matiere,
Aussi quoy que le monde entreprenne aujour-
d'huy,
  C'est autant de perdu sans luy.

E

PREMIERE ENTRÉE.
Astres et Planettes.
Pour les Astres & les Planettes.

Astres, ce point n'est pas en éuidance
Sy c'est par vous que le Monde se meut,
Vous voila tous occupez a la dance,
Le Monde va cependant comme il peut.

II. ENTRÉE.
Pour Monsieur le Grand. *Pyrame.*

Pyrame estoit vn peu plus triste que vous
    n'estes,
Vous auez neantmoins, son air, & ses atraits,
Thisbé s'y fut méprise, & sans doute vous fai-
Tout ce qu'il fit au meurtre prés,   (tes
Aussi pouuoit-il bien ce semble à moins de frais
Marquer sa passion extresme,
D'autres preuues d'amour il est vn milion,
Vous auriez plus de peine à vous tüer vous mesme
Que vous n'auriez de peine à tüer vn Lion :
Sy vostre Ame inquiete, adorable Pyrame,
Vouloit quitter ainsi le beau corps qui là joint,
Elle seroit vne Ame injuste au dernier point,
Et je ne croirois pas qu'il fut vne pire Ame.

Pour le Marquis de Mirepoix, *Thisbé*.

Vous avez bonne mine, & ne prétendez pas
Que pour vostre beauté l'on souffre le trépas,
Aussi la Fable ingénieuse & sage
Sur l'accident funeste ou Pyrasme est tombé
Quand elle parle de Thisbé
N'accuse que son voile, & non pas son visage.

III. ENTRE'E.

Comedie, Moliere & sa Troupe.
Pour Moliere.

Le célebre Moliere est dans un grand éclat,
Son merite est connu de Paris jusqu'à Romme,
Il est avantageux par tout d'estre honneste homme,
Mais il est dangereux avec luy d'estre un Fat.

IV. ENTRE'E.
BERGERS, ET BERGERES,
Pour LE ROY. *Berger.*

CE Berger n'est jamais sans quelque chose
  à faire,
Et jamais rien de bas n'occupe son loisir,
  Soit plaisir, soit affaire,
Mais l'affaire tousiours va deuant le plaisir.

Il mene des Troupeaux dont la bizarerie
Quelque fois tire à gauche au lieu d'aller à droit,
  Pour telle Bergerie
Iamais Pasteur ne fut plus ferme, & plus adroit.

Il pouroit de ce faix soulager sa pensée,
Mais il ne s'en veut pas reposer sur les siens;
  La saison est passée
Ou les Bergers dormoient sur la foy de leurs
  Chiens.

Paissez, Brebis, pendant qu'il s'apreste à dé-
 truire
Auec tant de Vigueur tous les Loups s'il en vient,
  Et laissez vous conduire
A qui sçait mieux que vous tout ce qui vous
 conuient.

Pour

Pour MADAME.   Bergere.

NOn je ne pense pas que jamais rien égale
Ces manieres, cet air, & ces charmes
vainqueurs,
   C'est vn dédale
   Pour tous les cœurs.

Elle vous prend d'abord, vous enchaisne, vous
tuë,
Vous pille jusqu'à l'ame, & puis apres cela
   Sans estre émeuë
   Vous laisse là.

L'assassinat commis qu'est-ce qu'il en arriue ?
Pour le pauure defunt helas le meilleur sort
   Qui s'en ensuiue
   Est d'estre mort.

EndureZ pour quelqu'autre vne semblable
peine,
Au moins vous permet-on soupir, plainte, &
sanglot,
   A cette gesne
   L'on ne dit mot.

Telle erreur deuroit estre excusable & legere
Qui trompe les plus fins, & leur fait presumer
Qu'estant Bergere
On peut l'aymer.

Mais la temerité d'écouure sa ruyne
Pour la jeune Bergere osant plus qu'il ne faut,
Son origine
Vient de trop haut.

Qu'icy tous les respects les plus profonds s'assem-
blent
Dans vn cœur, vn tel cœur n'en à pas à demy,
Tous les Loups tremblent
Deuant Mimy. *

* C'est le pe-
tit chien de
Madame.

Pour Madame de Montespan. Bergere.

Que nous serions heureux
(Disent les Loups entr'eux)
Sy nous mettions la pate
Sur chair si delicate,
Ne faisant qu'vn morceau
De Bergere & Troupeau:
Elle est prompte à la fuite,
Et garde vne conduite

Dont chacun est surpris;
Mais nous en auons pris
Qui tenoient mesme route,
Et nous serions sans doute
Au comble du bonheur
N'estoit son chien d'honneur:
Ce mot poura déplaire,
Mais qui sçaurions nous faire?
Il ne sort rien de doux
De la gueule des Loups.

Pour Mademoiselle de la Valiere, *Bergere.*

Ieune Bergere, en qui le Ciel a mis
Tout ce qu'il donne à ses meilleurs amis,
De la beauté, du cœur, de la sagesse,
Et si j'en croy vos yeux, de la tendresse,
Ne pensez pas que je veüille en ce jour
Vous cajoller, ny vous parler d'amour,
Ie sçay qu'il est dangereux de le faire,
Et je craindrois plus que vostre colere;
D'autres que moy s'en acquiteront mieux,
Ie baise icy les mains à vos beaux yeux,
Et ne veux point d'un joug comme le vostre,
Ie vous le dy tout franc j'en ayme vne autre,
Que cela donc soit certain entre nous,
Et crû d'ailleurs aussi bien que de vous,

Sur vn tel point soyez desabusée,
Mais, mon amy, qu'elle est vostre visée,
Me direz vous, & qui vous force ainsi
A me parler d'vn ton si radoucy,
Et m'attaquer en stile d'Elegie
Qui de l'amour étale l'énergie?
Moy de l'amour? ha jamais ce n'en fut,
Mon veritable, & mon vnique but
Est de loüer icy vostre personne,
C'est de l'encens tout pur que je vous donne,
Vous me semblez l'ornement du Hameau,
Et j'ayme à voir dans vn objet si beau
Parfaitement l'vne à l'autre assortie
Et tant de gloire, & tant de modestie:
Que vous peut-on souhaiter, & quel bien?
Ie croy qu'il faut ne vous souhaiter rien,
L'on ne sçauroit croistre vn bonheur extresme,
Et pour tout dire, enfin que sçay-je mesme
Si meritant tant de prosperitez
Vous n'auez point ce que vous meritez.

Pour Mademoiselle de Toussy, *Bergere.*

Vous auez vn Troupeau, belle & jeune Bergere
       Que vous garderez bien

Si

Si vous l'allez garder ainsi que vostre Mere
      Garda tousiours le sien,
Elle s'en aquita de si bonne maniere
      Qu'il ne s'y peut ajouster rien,
Et maintenant encore elle garde le Bien
      En qui toute la France espere.

Pour le Marquis de Villeroy.   Berger.

Vous auez vn air languissant
      Dont vostre Troupeau se ressent,
En prendre plus de soin seroit assez honneste,
Mais a si vil employ vostre cœur ne s'arreste :
      Quand le Berger est jeune & beau
      Il ne peut durer dans sa peau,
      Et volontiers a dans la teste
      Autre chose que son Troupeau.

V. ENTRE'E.

COMBAT D'ALEXANDRE
ET DE PORVS.

Alexandre & Porus aymoient tant les batailles,
Qu'enuiron deux mille ans apres leurs funerailles

Vous les voyez icy prés a recommancer,
Quand on ayme la guerre on ne s'en peut passer.

VI. ENTRE'E.
Pour des Poëtes.

Souuent les Medecins
Ne font pas les plus fains,
Encore que leur art de tous maux nous déliure:
Les Beaux Esprits font tels,
Ils rendent immortels,
Et la pluspart du tems ils n'ont pas dequoy viure.

RECIT D'ORPHE'E,
qui n'est point chanté.

IE ne vien point icy par mes tristes accens
Des sensibles objets suspendre tous les sens,
Attirer apres moy les Rochers, & les Marbres,
Faire marcher les Arbres:
Ma tristesse par là ne se peut amoindrir,
Et c'est vn effort inutile,
Helas ce que je veux n'est pas si difficile,
Ie ne veux que toucher vn cœur & l'atendrir.

*Non je ne prétens point que l'Amour par ma
    voix*
Vienne contraindre icy la Nature & ſes loix,
S'il y faut de la force & de la violance,
    J'ayme mieux le Silance.
Ma triſteſſe par là, &c.

VII. ENTRE'E.

Pour Monſieur de Lully. *Orphée.*

CEt Orphée a le gouſt tres-delicat, & fin,
    C'eſt l'ornement du ſiecle, & n'eſt rien qu'il
    n'atire,
Soit Hommes, Animaux, Bois, & Rochers
    enfin
Du ſon melodieux de ſa charmante Lire:
Toutes ces choſes là le ſuiuent pas à pas,
Et de ſon harmonie elles ſont les conqueſtes,
Mais ſi vous l'en preſſez il vous dira tout bas
Qu'il eſt cruellement fatigué par les Beſtes.

VIII. ENTRÉE.

Cyrus & Polexandre.

Pour LE ROY.   CYRVS.

SVperbe Antiquité, dont si mal à propos
Le siecle trop long-temps a souffert les re-
   proches,
Et qui voulez, tousiours à l'égard des Heros
Que les plus éloignez, ternissent les plus proches,
Si vous en auez eu nous en auons aussi,
Et la chose entre nous doit estre égale icy,
Mais n'en soyons point crûs ny les vns ny les
   autres,
Attendons sur le prix & du Nostre, & des
   Vostres
De la Posterité le juste Tribunal,
L'Inuincible LOVIS ne perd rien à l'at-
   tendre,
Tantost c'est vn CYRVS, tantost vn ALE-
   XANDRE,
Et tousiours la Copie atteint l'Original.

Ils ont eu leurs defaux, ces Démons des combas,
L'vn sentit au couroux sa grande Ame asseruie,
Et l'Autre eut dans sa fin quelque chose de bas
Que ceux qui l'ont loüé n'ont point mis dans
    sa vie:
LOVIS est tousiours sage, il reigle ses desirs,
Et ne fait que glisser par dessus les plaisirs,
Sa Vertu forte & plaine est vne vertu rare
Qui releue, affermit, fortifie, & repare,
C'est vn fleuue qu'on croit qui va tout renuerser,
Qui ne rencontre point de digue à son épreuue,
Enfin l'on se rassure, & l'on voit que ce fleuue
Ynnonde la campagne afin de l'engraisser.

Pour le Marquis de Villeroy.   POLEXANDRE.

QVe c'est vn grand bonheur d'estre jeune &
    bien fait,
De l'esprit & du corps également parfait,
Ainsi que Polexandre errant par tout le monde
    A dessein de luy ressembler,
    Et de pouuoir faire trembler
    Constantinople & Trebisonde:
    Et puis quand vous estes tenté
D'aller secrettement vous embarquer sur l'onde
    Estre tout à coup arresté

H

Par vn Geant terrible, & qui porte couronne
Dont le fameux pouuoir vous retient enchanté
  Dans vne des Tours de Peronne:
Faire tous les Estez quelque trait de Roman
Par ou vous soyez mis les Hyuers en Ecran,
Brusler tousiours d'vn feu qui n'ait rien de pro-
  fane,
Joint à de grands respects pour quelque Alci-
  diane
Desquels on se défait quand il en est saison,
Et sur tout se garder de la demangaison
  De raconter ses auantures,
  Et de montrer des écritures.

IX. ENTRE'E.

Orateurs & Philosophes.

N'Est-ce pas estre né sous vn noble ascendant
  Que d'estre vn Orateur, & d'estre vn
  Philosophe,
Quoy qu'il en soit beaucoup de fort petite étoffe?
Car par vn ordinaire & fatal accident
Qui cause à la Science vn éternel oprobre,
De ces deux composez, il se forme vn Pédant
Ridicule animal, tres crasseux, & peu sobre.

X. ENTRE'E.

Pour les Faunes.

Es gens-cy tiennent en affaire
Vn procedé fort ingenu,
L'honneur leur semble vne chimere,
Et chez eux l'Amour est tout nu
Comme dans les bras de sa Mere.

XI. ENTRE'E.

CONTESTATION DES PIERIDES ET DES MVSES.

MADAME. *Pieride.*

QVelle étrange dispute est-ce donc qui s'a-
  preste?
Qui vous a, je vous prie, ozé mettre en la teste,
Muses, que nous estions jalouses de vous, nous?

Madame d'Heudicour.   Muse.

MAdame, nous auons vn grand respect
　　　pour vous,
A vous dire le vray de personne à personne
D'vne commune voix vous aurez la couronne:
Mais si vostre bonté nous permet vne fois
D'apuyer nos raisons, & soûtenir nos droits,
Pour nostre gain de cause à la face des Hommes
Il suffit en ce lieu d'alleguer que nous sommes
Filles de Iupiter, vous de Pierius:
Encore qu'Alexandre effaçast Darius,
Leurs Soldats pouuoient bien se comparer en-
　　semble,
Et cela nettement veut dire ce me semble
Que l'on peut vous tirer hors de comparaison,
Et contre tout le reste auoir quelque raison.

Mademoiselle de la Valliere.   Pieride.

NOn, non, point de détour, & point de
　　stratagéme,
Il n'est pas question de ce respect extréme,
Et sur le point ou roule icy nostre entretien
La personne y fait tout, & la qualité rien;
Il faut examiner quel est nostre merite,

Mais

Mais un merite illuſtre, & que rien ne l'imite,
Brillant & reconnu d'un aueu ſolemnel
Comme un merite à nous purement perſonel,
Point d'apuys étrangers, que toutes y renoncent,
Apres que l'on décide, & que les Dieux pro-
　noncent.

　　Mademoiſelle de Longueual.　　*Muſe.*

LEs Dieux? nous retombons en pire extre-
　tremité;
Sçait-on pas que les Dieux ſont de voſtre coſté?
Eux qui ſont ſi puiſſans ſur la terre & ſur l'onde
Et qui deuroient ſans doute eſtre pour tout le
　monde,
Cependant par mal-heur on voit qu'ils n'y ſont
　point.

　　Madame de Monteſpan.　　*Pieride.*

LAiſſons les Dieux à part & reuenons au
　point:
Parlons de bonne foy, qu'elle erreur eſt la voſtre?
Selon vous eſtre *Muſe* eſt-ce eſtre plus qu'une
　autre?
Si ce Nom fut jadis en admiration

I

Il a suiuy du tems la reuolution,
La mode en est passée, & si je ne m'abuse
L'on peut valoir beaucoup quoy qu'on ne soit pas
  Muse.

  Mademoiselle d'Arquien.   *Muse.*

MAis je tien qu'estre Muse aussi n'empes-
   che pas
Qu'on n'ait lieu de pretendre aux plus charmans
   apas.
Ce seroit grand pitié que pour estre vn peu Belle
On dût aprehender d'estre spirituelle,
Qu'il falut renoncer à ces diuins thresors,
Et que l'Esprit donnast l'exclusion au Corps.

  Madame de Crussol.   *Pieride.*

POur moy bien que tousiours les Muses m'ayent
   cherie,
Par elles tendrement éleuée & nourie,
Que j'aye esté bercée au doux bruit des Chansons
Que font de tems en tems leurs doctes Nourissons,
Ie m'estime bien plus d'estre icy Pieride,
Et je tien mon estat meilleur & plus solide.

Madame de Villequier.   *Muse.*

CE que vous dittes-là ne fait rien contre nous,
Ny contre nostre sort qui nous semble assez
   doux,
Quoy que vous possediez vn esprit admirable,
Si vostre sentiment ne nous est fauorable,
Se peut-il pas changer dans vne autre saison
Estant de vostre goust non de vostre raison?

Mademoiselle de la Mothe.   *Pieride.*

AFin de terminer le debat où nous sommes
Ie ne suis pas d'auis que l'on s'adresse aux
   Hommes,
Ainsi qu'à nos moutons retournons à nos Dieux,
Nostre accommodement par là se fera mieux,
Quoy que de haut en bas ces Dieux peu fauo-
   rables
Regardent les Mortels comme des miserables.

Madame la Comtesse du Plessis.   *Muse.*

IMportuner les Dieux auec nos differens?
Ils ont bien autre chose à regler que nos rangs,
Si le monde pour eux n'est qu'vne bagatelle,

Iugez comme ils iront traitter nostre querelle,
De nous mesmes taschons d'adoucir nostre fiel,
Tenons nous à la Terre, & laissons-là le Ciel.

   Mademoiselle de Toussy.   Pieride.

VOstre moralité passe ma suffisance,
  Quant à moy je suis jeune, & j'ariue, & je dance,
A l'heure que je parle il ne me manque rien,
Et tout allant ainsi je croy que tout va bien,
Que je me trompe ou non, mais enfin je soup-
  çonne
Qu'estant comme je suis l'on ne cede à personne.

   Madame de Rochefort.   Muse.

ET voila justement le party du bon sens,
  De sçauoir en soy-mesme auec les connoissans
Qu'à personne en merite on n'est inferieure,
Ce mouuement secret de joye interieure
Nous plaist, nous entretient, nous flate, & me
  parest
Une Prouision en attendant l'Arrest.

                                  Mademoiselle

Mademoiselle de Fiennes. *Pieride.*

ESt-ce qu'on s'en tient là quand on a bonne
   cause ?
Veut on pas que le monde en sçache quelque chose ?
Il s'agit du Triomphe en suite du combat,
S'il y va de la gloire, il y faut de l'éclat,
Mesme que plus d'vn Iuge en ait la connoissance,
Et dans vn interest de pareille importance,
Il faut que l'Equité fasse droit à chacun,
Et pour y voir bien clair deux yeux valent plus
   qu'vn.

    Madame de la Valiere. *Muse.*

VOus pouriez ajouster encore à vostre affaire
   Que l'auis de plusieurs ne se raportant guere
Lors que le differend se trouue mal reglé,
De quelqu'vn à quelqu'autre il en est appellé,
Moy comme je me sens contre vous bien fondée
I'entens que sans retour l'affaire soit vuidée.

    Madame de Ludre. *Pieride.*

POur corrompre personne au moins je ne croy
   pas
Qu'on me soupçonne icy de faire bien des pas,
Pourquoy mesler le droit & la chicane ensemble ?
Quand on est raisonnable il suffit ce me semble

K

Sans que la ruse & l'art s'y trouuent employez,
De se monstrer au Iuge, & luy dire, voyez.

  Mademoiselle de Cologon.   *Muse.*

VRayment vous en parlez icy bien à vostre
  aise,
Parce que vous croyez n'auoir rien qui ne plaise,
Si la Iustice auoit vn bandeau sur les yeux
Peut-estre que pour vous il n'en iroit pas mieux,
Quelques traits éclatans, & quoy que l'on possede
Auecque tout cela bon droit à besoin d'aide.

  Mademoiselle de Brancas.   *Pieride.*

Quelque riche qu'on soit en beauté c'est vn
  bien
Dont l'on ne souffre pas qu'il se retranche rien,
Ie n'auois pas quinze Ans que l'on m'en donna
  seize
Cela me fit dépit, & je n'en fus point aise,
Il n'en est pas des Ans de mesme que de l'or,
Plus vous en amassez, moins en vaut le thresor.

  Mademoiselle de la Mark.   *Muse.*

SI vous ne vous fondiez que sur cét auantage,
I'ay dequoy disputer du costé de mon âge,
Il est vray que le Blond fait par tout bien du bruit,
Mais est ce que le Brun n'a jamais rien produit?

En quantité de lieux sa puissance on redoute,
On ne me la pas dit, mais c'est que je m'en doute.

MADAME.

CEtte longue dispute à la fin me déplaist,
Qu'on se taise, & laissons la chose comme
elle est.

XII. ENTRE'E.
Nymphes.

Pour LE ROY. *Nymphe.*

LA Nymphe merueilleuse agreable & terrible,
Des Ours & des Lyons medite vn meurtre
horrible,
Et va rendre a nos bois leur antique bonheur:
L'Enuie a beau gronder, elle n'en peut rien dire,
Et des Antres obscurs ne sort point de Satyre
Qu'elle craigne, & qui done atteinte à son honneur.

A son rare merite on rend vn juste hommage,
Le chant melodieux des Cignes de nostre âge
S'apreste à le loüer par des tons redoublez,
Et ce mesme merite au Temple de Memoire
D'vne commune voix attent la mesme gloire,
Jugé par l'Auenir les Siecles assemblez.

Pour le Marquis de Villeroy. *Nymphe.*

A Cette mine langoureuse,
Nymphe, il pareſt que vous auez beſoin
Qu'vne autre Nymphe prenne ſoin
De vous ayder à deuenir heureuſe.

XIII. ET DERNIERE ENTRE'E.

Iupiter.

Pour Monſieur le Grand. *Iupiter.*

AVpres de Iupiter tous les Dieux ne ſont rien,
Et ſitoſt qu'il pareſt on le reconeſt bien,
A Cheual, dans le Cercle, aux Bals, aux Promenades,
De nos moindres plaiſirs il forme ſes ébas,
Et deſcend quelque fois juſqu'aux Turlupinades
Chez les pauures mortels on ne va point plus bas:
Au cœur il a touſiours quelque galanterie,
Mais Iunon dans le Ciel n'entend pas raillerie.

FIN DV BALLET.

www.ingramcontent.com/pod-product-compliance
Lightning Source LLC
Chambersburg PA
CBHW060517050426
42451CB00009B/1034